Alexandra von
Plüskow-Kaminski

Freiarbeitsmaterial

Lese- und Schreibmalblätter

3./4. Klasse

**Lesen und Schreiben
auf Satz- und Kurztextebene
kreativ fördern**

Die Autorin:

Alexandra von Plüskow-Kaminski hat viele Jahre als Grundschullehrerin gearbeitet. Derzeit ist sie als Koordinatorin des Sprachbildungszentrums Lüneburg tätig.

In dieser Reihe sind bereits erschienen:
Bernd Wehren: Rechenmalblätter (1./2. Klasse)
Bernd Wehren: Lese- und Schreibmalblätter (1./2. Klasse)

Konzeptidee/Idee und Text S. 4–9: Bernd Wehren
Projektleitung: Maren Krüger, Berlin
Redaktion: Daniela Brunner, Korschenbroich
Umschlagkonzept/-gestaltung: Corinna Babylon /Jule Kienecker, Berlin
Umschlagillustrationen: Shutterstock.com/zorina_larisa
Hintergrundstruktur Umschlag und Innenteil: Shutterstock.com/F16-ISO100
Layout: krauß-verlagsservice, Wassertrüdingen
Technische Umsetzung: Reemers Publishing Service GmbH, Krefeld

www.cornelsen.de

1. Auflage 2023

Druck: Athesiadruck GmbH

ISBN 978-3-589-16870-5

PEFC
PEFC/18-31-166
PEFC-zertifiziert
Dieses Produkt stammt aus nachhaltig bewirtschafteten Wäldern
www.pefc.de

Inhalt

57 Lesemalblätter

Einleitung

Kinder malen, kritzeln und gestalten gerne Bilder. Mit dem Material in diesem Band verknüpfen Sie spaßbetontes Malen mit sinnerfassendem Lesen und themenorientiertem Schreiben.
Die Arbeitsblätter fordern zum Lesen und Malen heraus, da die Kinder kurze und lange Sätze sowie kurze Texte auf den Arbeitsblättern sinnerfassend lesen und passende (Mini-)Bilder dazu malen. Ist das Lesemalblatt dann fertig, dürfen Ihre Schülerinnen und Schüler Sätze hinzufügen oder/und eigene Texte bzw. eigene Geschichten zum Lesemalblatt aufschreiben. Dabei helfen Ihren Schülerinnen und Schülern die gemalten Bilder. Somit werden Sie mit einem Schlag zahlreichen Aufgaben und Zielen des Lehrplans Deutsch auf kreative und motivierende Weise gerecht (vgl. LP Deutsch).

Zu den Lesemalblättern (S. 15–71)

Jedes Lesemalblatt besteht aus bereits vorgegebenen Bildern und „Malanleitungen", die 3-fach differenziert sind:

★ leicht = kurze Sätze,

★★ mittel = lange Sätze,

★★★ schwer = kurze Texte.

Die Kinder lesen die kurzen oder langen Sätze bzw. kurzen Texte sinnerfassend und malen dazu. Dabei entstehen Gesamtbilder, die ergänzt und vervollständigt werden sollen, oder einzelne kleine Bilder zum Text bzw. Bildergeschichten. Am Ende entsteht ein farbenfrohes Bild, kleine Bilder zum Text oder eine Bildergeschichte. Abschließend verfassen die Kinder selbst eigene kleine Texte zu den Bildern. Die 19 Themen sind kindgemäß und lehrplanorientiert konzipiert.

Tipp: Die „leichten" Arbeitsblätter können als Vorübung bzw. als „Warming-up" für alle Schülerinnen und Schüler zum Einstieg in die schwierigeren Arbeitsblätter dienen.

Zum Einsatz im Unterricht

Sie können die Lesemalblätter im DIN-A4-Format (evtl. doppelseitig mit dem Lineaturblatt von S. 15) oder/und vergrößert auf DIN-A3-Format kopieren, damit die Schrift größer ist und die Kinder genug Platz zum Malen und zum Schreiben eigener Sätze und Texte haben. Sie können die Lesemalblätter auch als Schul- und Hausaufgabe nutzen, indem Sie die leichte und mittlere Stufe im Unterricht als Schulaufgabe zweifach differenziert einsetzen und als Hausaufgabe den leistungsschwächeren Kindern die mittlere Stufe und den leistungsstärkeren Kindern die schwere Stufe mitgeben. So sorgen Sie für eine Lernprogression. Neben dem normalen Deutschunterricht können Sie die Lesemalblätter auch in der Wochenplan- und Freiarbeit, aber auch im Kunstunterricht fächerverbindend einsetzen.

Zum Zusatzmaterial

Zu Beginn einer „Lesemalblätter-Unterrichtsreihe" können Sie die Pässe (S. 5) und die passende Schriftkarte (S. 6) auf Karton kopieren und jedem Schüler/jeder Schülerin einen Pass und eine passende Schriftkarte geben, die die Kinder im Mäppchen aufbewahren.
Die zwölf Erzähl- und Schreibtipp-Karten (S. 7–9) können Sie nach und nach im Unterricht einführen, damit sich die Erzählungen und Texte Ihrer Schülerinnen und Schüler stets verbessern.
Die Wörterliste von A bis Z und die Bildkärtchen zum Ausschneiden und Aufkleben (S. 10–13) können die Kinder für eigene Lesemalblätter nutzen; auch hier können die eigenen Texte und Geschichten auf das kopierte Lineaturblatt (S. 14) geschrieben werden.
Am Ende der Unterrichtsreihe können Sie die Kinder mit der Urkunde (S. 72) belohnen.

Viel Spaß und Erfolg
mit den „Lesemalblättern"!

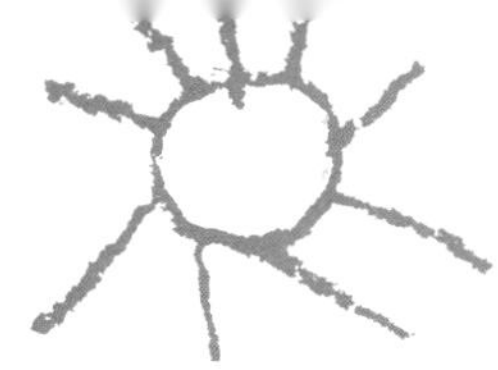

Lesemalblätter-Pässe

Nach dem Kopieren an der waagerechten Mittellinie zerschneiden, dann jeden Pass zuerst an der waagerechten und zuletzt an der senkrechten Linie knicken.

Kreuze bearbeitete Lesemalblätter an.

○ 1 ○ 2 ○ 3 ○ 4 ○ 5

○ 6 ○ 7 ○ 8 ○ 9 ○ 10

Kreuze bearbeitete Lesemalblätter an.

○ 11 ○ 12 ○ 13 ○ 14 ○ 15

○ 16 ○ 17 ○ 18 ○ 19

LESEMALBLÄTTER-PASS

kurze und lange Sätze – kurze Texte

Name

Du hast die Lesemalblätter richtig und sinnvoll an- und weitergemalt. Du kannst Sätze und kurze Texte lesen und schreiben.

Toll! Weiter so!

Datum, Unterschrift

A. v. Plüskow: Lese- und Schreibmalblätter 3/4. Cornelsen

Kreuze bearbeitete Lesemalblätter an.

○ 1 ○ 2 ○ 3 ○ 4 ○ 5

○ 6 ○ 7 ○ 8 ○ 9 ○ 10

Kreuze bearbeitete Lesemalblätter an.

○ 11 ○ 12 ○ 13 ○ 14 ○ 15

○ 16 ○ 17 ○ 18 ○ 19

LESEMALBLÄTTER-PASS

kurze und lange Sätze – kurze Texte

Name

Du hast die Lesemalblätter richtig und sinnvoll an- und weitergemalt. Du kannst Sätze und kurze Texte lesen und schreiben.

Toll! Weiter so!

Datum, Unterschrift

A. v. Plüskow: Lese- und Schreibmalblätter 3/4. Cornelsen

Alexandra von Plüskow-Kaminski • Lese- und Schreibmalblätter 3/4. Klasse | Illustrationen: Sonne: Shutterstock.com/zorina_larisa | Idee und Text: Bernd Wehren

Schriftkarten – DS, GS, VA, LA, SAS

Bitte kopieren und laminieren Sie für jede Schülerin/jeden Schüler die entsprechende Karte zur Aufbewahrung im Etui.

Druckschrift

Aa Bb Cc Dd Ee Ff Gg Hh Ii Jj
Kk Ll Mm Nn Oo Pp Qq Rr Ss Tt
Uu Vv Ww Xx Yy Zz Ää Öö Üü ß

Vereinfachte Ausgangsschrift

Aa Bb Cc Dd Ee Ff Gg Hh Ii Jj
Kk Ll Mm Nn Oo Pp Qq Rr Ss Tt
Uu Vv Ww Xx Yy Zz Ää Öö Üü ß

Lateinische Ausgangsschrift

Aa Bb Cc Dd Ee Ff Gg Hh Ii Jj
Kk Ll Mm Nn Oo Pp Qq Rr Ss Tt
Uu Vv Ww Xx Yy Zz Ää Öö Üü ß

Schulausgangsschrift

Aa Bb Cc Dd Ee Ff Gg Hh Ii Jj
Kk Ll Mm Nn Oo Pp Qq Rr Ss Tt
Uu Vv Ww Xx Yy Zz Ää Öö Üü ß

Grundschrift

Aa Bb Cc Dd Ee Ff Gg Hh Ii Jj
Kk Ll Mm Nn Oo Pp Qq Rr Ss Tt
Uu Vv Ww Xx Yy Zz Ää Öö Üü ß

Alexandra von Plüskow-Kaminski • Lese- und Schreibmalblätter 3/4. Klasse | Illustrationen: Sonne: Shutterstock.com/zorina_larisa | Idee und Text: Bernd Wehren

1

Erzähltipp- und Schreibtipp-Karten (1–4)

Kopieren Sie die Karten vergrößert auf grünen, gelben und roten DIN-A3-Karton. So können Mitschüler signalisieren, ob die Tipps beachtet (= grün), teilweise beachtet (= gelb) oder nicht beachtet wurden (= rot).

1. Denke dir eine Überschrift aus, die neugierig macht oder über die Geschichte informiert.

2. Schreibe und male viele kleine Schreibideen auf ein weiteres Blatt. Deine Schreibideen sollten lustig, spannend, gruselig, interessant ... sein.

3. Spiele mit anderen Kindern deine Geschichte nach. Sprecht dabei und spielt wie richtige Schauspieler. So sammelst du weitere Ideen für deinen Text.

4. Erzähle deine Geschichte lustig oder spannend, indem etwas Überraschendes und Unerwartetes passiert. Schiebe Fragen, Pausen, Gedanken, Gefühle ein. Verstelle deine Stimme beim Erzählen.

Alexandra von Plüskow-Kaminski • Lese- und Schreibmalblätter 3/4. Klasse | Illustrationen: Liliane Oser, außer: Sonne: Shutterstock.com/zorina_larisa | Idee und Text: Bernd Wehren

2

Erzähltipp- und Schreibtipp-Karten (5–8)

Kopieren Sie die Karten vergrößert auf grünen, gelben und roten DIN-A3-Karton. So können Mitschüler signalisieren, ob die Tipps beachtet (= grün), teilweise beachtet (= gelb) oder nicht beachtet wurden (= rot).

5. Schreibe immer mit Bleistift, damit du schnell und sauber verbessern kannst. Achte auf eine leserliche Schrift.

6. Achte beim Schreiben darauf, dass du deine Geschichte in der richtigen Reihenfolge aufschreibst und alle deine Geschichte verstehen können.

7. Nenne den Ort, die Zeit, Personen und weitere wichtige Dinge. Beantworte W-Fragen (Wann? Wo? Wer? Was? Wie? Warum?).

- Orte
- Zeit
- Personen
- Gründe

8. Beschreibe, was deine Personen, Tiere in deiner Geschichte sehen, riechen, fühlen, hören und schmecken.

Alexandra von Plüskow-Kaminski • Lese- und Schreibmalblätter 3./4. Klasse | Illustrationen: Liliane Oser, außer: Sonne: Shutterstock.com/zorina_larisa | Idee und Text: Bernd Wehren

3

Erzähltipp- und Schreibtipp-Karten (9–12)

Kopieren Sie die Karten vergrößert auf grünen, gelben und roten DIN-A3-Karton. So können Mitschüler signalisieren, ob die Tipps beachtet (= grün), teilweise beachtet (= gelb) oder nicht beachtet wurden (= rot).

9. Benutze Wiewörter (Adjektive): klein – groß, reich – arm, fröhlich – traurig, schön – hässlich, nett – böse ... Beschreibe die Dinge, Orte, Personen genau: Farbe, Größe, Menge.

10. Namenwörter und Satzanfänge schreibt man groß. Beispiele: Die Katze hat vier Beine und Krallen. Sie trinkt gerne warme Milch.

die Katze

11. Achte auf einen passenden, interessanten und vor allem kurzen Schluss.

... und alle Kinder
lachten erleichtert.
(Ende)

12. Lies den Text anderen langsam und laut vor. Haben die anderen alles verstanden? Fehlt etwas? Ist alles verständlich? Ist die Geschichte interessant? Passt dein Text zum Bild? Verbessere.

Alexandra von Plüskow-Kaminski • Lese- und Schreibmalblätter 3/4. Klasse | Illustrationen: Liliane Oser, außer: Sonne: Shutterstock.com/zorina_larisa | Idee und Text: Bernd Wehren

Wörterliste von A bis Z für eigene Lesemalblätter

1

A/a
abgenagt
abnagen
Abteil
Affe
Afrika
animiert
Anwältin, Anwalt
Arbeitsgruppe
Ärger
ärgern (sich)
Ärztin, Arzt
Ast, Ästchen
aufgeregt

B/b
Ballett tanzen
Ballon
Baumhaus
Beere
Berg
Beruf
Bett
Bilder malen
Blatt
blau
Boot
Brettspiel
Brille
Brunnen
Bücher lesen
Burg

C/c
Chor
Clown
Computer

E/e
Eichel
einkaufen
Energie
entschließen (sich)
ermahnen
erschöpft
essen

F/f
fahren
Fahrrad
fallen
fantastisch
Feier
feiern
Felsbrocken
Fenster
Fensterbank
Fernrohr
Fluss
Fotoapparat
Fotografin, Fotograf
Freibad
fressen
Friseurin, Friseur
fröhlich
Frühjahr
Frühling
fühlen (sich)
Fußball
Fußspur
Fußstapfen
füttern

G/g
Gardine
Gärtnerin, Gärtner
Gebiet
Geburtstag
geheim
gehen
Geisterbahn
gelb
genervt
genießen
Geschenk
Geschichten schreiben
Gespenst
Giraffe
Glück
Gondel
Gras
gratulieren
Großeltern

H/h
Haar
Hackfleisch
Hammer
hämmern
Handball
Handwerkerin, Handwerker
heiß
hellwach
Herbst
Himmel
Himmelbett
hinzufügen
Hobby
Höcker
Höhle
hoppeln
Huhn

I/i
Informatikerin, Informatiker
Jahreszeiten
Jahrmarkt
jonglieren

K/k
Kaninchen
Kanne
Kappe
Karussell
Katze
kaufen
Kerze
Kinderzimmer
Kirmes
Kitz
Klassenfahrt
klein
klettern
Knospe
Köchin, Koch
Kommode
Kompass
Königin, König
Korb
krank
Küchenzeile
Küken
Kunstwerk

L/l
Labyrinth
länger
langweilig
laufen
lecker
Lehrerin, Lehrer
lesen
Leuchtturm
Liebesperlen
Lieblingsort
lila

M/m
Malerin, Maler
Mannschaft
Märchen
Märchenfigur
Meer
Meerschweinchen
Mehrwegflasche

Alexandra von Plüskow-Kaminski • Lese- und Schreibmalblätter 3/4. Klasse | Illustrationen: Sonne: Shutterstock.com/zorina_larisa

Wörterliste von A bis Z für eigene Lesemalblätter

mitmachen
Mittag
mittelgroß
mittelmäßig
Möbel
Möhre
Monster
Möwe
müde
Müll
Müll sammeln
Müllsammler

N/n

nachhaltig
Nachhaltigkeit
Nachmittag
Nachtwanderung
Nüsse

O/o

Ohr
orange

P/p

Packung
Papiertüte
Party
passen
Pfand
Pfefferkuchen
Piratenschiff
Pizza
plötzlich
Polizistin, Polizist
Postkarte
prunkvoll
Pulver

R/r

Rätsel
Recht haben
Reh
Restmüll
Rezept
Riese
Riesenrad
Ritter
Ritterszene

S/s

sammeln
Sandburg
Schatz
Schatzkarte
Schatztruhe
Schlange
Schlauchboot
Schlittschuh laufen
Schloss
schmecken
Schneckenhaus
Schneemann
schnurren
schreiben
Schubkarre
schüchtern
schwierig
Seejungfrau
Seestern
Sekretärin, Sekretär
Sendung
Serie
Sommer
Sommertag
Sonne
Sonnenaufgang
Spaß
Spiegel
Spielekonsole
spielen
Spielfigur
Spielzeug
Spindel
sprießen
Spur
Stand
Steckbrief
Stock, Stöckchen
Strand
Stuhl
Superkraft
Süßigkeiten

T/t

Tannenzapfen
tanzen
Taschenlampe
Tasse
Teddybär
Telefon
telefonieren
Teppich
Thronsaal
Tiefkühlregal
Tier
Tischlerin, Tischler
Tomatensoße
Topf
Training
traurig
Trillerpfeife
T-Shirt
Tunnel

U/u

übernachten
Umwelt
Umweltschutz
Umwelttag
unterwegs

V/v

Vase
Verein
vergraben
verkaufen
verschlafen (sich)
versorgen
verstecken (sich)
verwenden
vier
Vogelei
vorbereiten
Vorführung
vorlesen

W/w

Wahrsagerin
Wald
Wasser
Weg
Weingummi
weiß
Wettbewerb
Wetter
Winter
Wohnung
wütend

Z/z

Zapfen
Zauberer
zaubern
Zaubertrank
zerbrochen
Zimmer
Zuckerwatte
Zug
Zuhause
zurückziehen

Alexandra von Plüskow-Kaminski • Lese- und Schreibmalblätter 3/4. Klasse | Illustrationen: Sonne: Shutterstock.com/zorina_larisa

1

Bildkärtchen zum Ausschneiden und Aufkleben für eigene Lesemalblätter (1)

(Bei Bedarf auf DIN A3 vergrößert kopieren.)

Bildkärtchen zum Ausschneiden und Aufkleben für eigene Lesemalblätter (2)

2

(Bei Bedarf auf DIN A3 vergrößert kopieren.)

Alexandra von Plüskow-Kaminski • Lese- und Schreibmalblätter 3/4. Klasse | Illustrationen: Liliane Oser, außer: Sonne: Shutterstock.com/zorina_larisa; Mehl: Dorina Tessmann

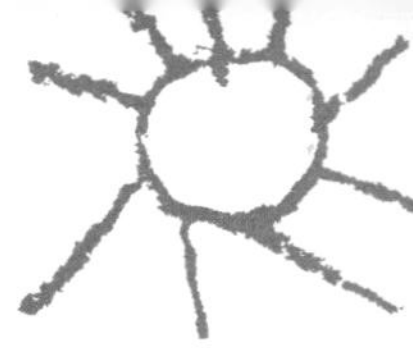

Lineaturblatt

Alexandra von Plüskow-Kaminski • Lese- und Schreibmalblätter 3./4. Klasse | Illustrationen: Sonne: Shutterstock.com/zorina_larisa

1. Lesemalblätter: Kurzsatz Berufe

Name: Klasse: Datum:

1. Lies und male. 2. Schreibe eigene kurze Sätze. Male dazu. Wenn du magst, erzähle. 3. Schreibe eine Geschichte und lies sie vor.

Mia möchte Ärztin werden.

Ben möchte Koch werden.

Kasia möchte Gärtnerin werden.

Nadia möchte Tischlerin werden.

Tibor möchte Informatiker werden.

Denis möchte Polizist werden.

Alexandra von Plüskow-Kaminski • Lese- und Schreibmalblätter 3/4. Klasse | Illustrationen: Liliane Oser, außer: Sonne: Shutterstock.com/zorina_larisa

1. Lesemalblätter: Lange Sätze Berufe

Name: Klasse: Datum:

1. Lies. Male. 2. Schreibe eigene Sätze und male dazu. Erzähle.
3. Schreibe eine Geschichte zu deinem Bild. Lies deine Geschichte vor.

Das Telefon brauche ich,
wenn ich als Sekretär arbeite.

Den Hammer brauche ich,
wenn ich als Handwerkerin arbeite.

Die Schere brauche ich,
wenn ich als Friseur arbeite.

Den Pinsel brauche ich,
wenn ich als Malerin arbeite.

Den Computer brauche ich,
wenn ich als Anwalt arbeite.

Die Kamera brauche ich,
wenn ich als Fotografin arbeite.

Alexandra von Plüskow-Kaminski • Lese- und Schreibmalblätter 3/4. Klasse | Illustrationen: Liliane Oser, außer: Sonne: Shutterstock.com/zorina_larisa

Name: Klasse: Datum:

1. Lies. Male. 2. Schreibe eigene Sätze. Male dazu.
3. Kreuze in der Tabelle an, was richtig oder falsch ist und erzähle.
4. Schreibe einen eigenen Text zu deinem Bild. Lies deinen Text vor.

Berufe

In verschiedenen Berufen werden unterschiedliche Werkzeuge benötigt.
Malerinnen verwenden Klebeband zum Abkleben von Flächen, die geschützt werden sollen. Zum Auftragen von Farbe benötigen sie Pinsel und Malerrollen.
Köche bereiten das Essen in Töpfen und Pfannen vor. Zum Umrühren verwenden sie Kochlöffel.
Eine Tierpflegerin braucht Eimer für das Tierfutter. Mit der Schubkarre transportiert sie das Futter oder Schaufeln und Besen für die Reinigung der Tiergehege.

Aussagen	richtig	falsch
Ein Handwerker braucht eine Kamera.		
Eine Fotografin braucht eine Bratpfanne.		
Ein Friseur braucht eine Schere und einen Kamm.		
Eine Tierpflegerin braucht Futter und eine Schubkarre.		
Ein Feuerwehrmann braucht eine Polizeikelle.		
Eine Köchin braucht eine Pfanne.		

Alexandra von Plüskow-Kaminski • Lese- und Schreibmalblätter 3./4. Klasse | Illustrationen: Sonne: Shutterstock.com/zorina_larisa

Name: Klasse: Datum:

1. Lies und male zu den Hobbys.

Ben läuft gern Schlittschuh.

Kasia tanzt jeden Tag Ballett.

Max schreibt gern Geschichten.

Mona spielt Fußball in einer Mannschaft.

Lukas fotografiert gern Tiere.

Charlotte liest gern Bücher.

Tom spielt Trompete.

Luna geht gern mit ihrem Hund spazieren.

2. Was machst du gern? Male es auf. Schreibe drei oder vier Sätze dazu. Du kannst auch auf der Rückseite weiterschreiben. Lies deine Sätze vor.

Alexandra von Plüskow-Kaminski • Lese- und Schreibmalblätter 3/4. Klasse | Illustrationen: Liliane Oser, außer: Sonne: Shutterstock.com/zorina_larisa

2. Lesemalblätter: Lange Sätze

Das bin ich

Name: Klasse: Datum:

| 1. Lies und male zu den Hobbys.

Mia liest so viel, dass sie sich oft Bücher in der Bücherei ausleiht.

Jonas spielt Tennis. Er liebt es, die Bälle mit voller Wucht zu schlagen.

Beim Schwimmtraining schwimmt Ari im Schwimmbad viele Bahnen hin und her.

Lara spielt Fußball in einer Mannschaft und nimmt regelmäßig an Turnieren teil.

Amira singt mit vielen anderen Kindern im Schulchor.

In seiner Freizeit geht Luca am liebsten mit seinem Hund spazieren.

| 2. Was stimmt, was stimmt nicht? Kreuze richtig oder falsch an.

Aussagen	richtig	falsch
Ich brauche einen Tennisschläger, um Tennis zu spielen.		
In der Bücherei kann ich viele Bücher ausleihen. Wenn ich sie ausgelesen habe, hole ich dort neue Bücher.		
Für das Schwimmtraining brauche ich einen Fußball.		
Mit meinem Hund muss ich nie rausgehen. Er bleibt nur zu Hause.		
Ich liebe es, zu singen. Wenn einige Menschen zusammen singen, können sie einen Chor bilden.		
Ich spiele Fußball. Wenn ich in einem Verein spiele, dann nehme ich manchmal an Turnieren oder Spielen teil.		

| 3. Male dich bei deinem Hobby auf die Rückseite des Blattes. Schreibe etwas dazu. Lies deinen Text vor.

Alexandra von Plüskow-Kaminski • Lese- und Schreibmalblätter 3/4. Klasse | Illustrationen: Liliane Oser, außer: Sonne: Shutterstock.com/zorina_larisa

Name: Klasse: Datum:

1. Lies den ersten Text. Male dazu. 2. Lies den zweiten Text. Vergleiche den zweiten Text mit dem ersten. Findest du die neun Fehler? Markiere sie farbig.

So viele Hobbys

In unserer Klasse geht es vielfältig zu. Manche Kinder malen gern, andere wiederum machen gern Musik oder spielen Theater. Wer gern singt, kann unseren Schulchor besuchen.

Die Kinder, die gern lesen, gehen in die Bücherei-AG. Gemeinsam lesen sie da spannende Geschichten, Abenteuer-Bücher oder auch Sachbücher über Tiere oder über die Länder der Erde.

Andere Kinder machen gern Sport. Sie können in der Leichtathletik-AG gemeinsam laufen, springen und werfen. Und die Kinder, die Fußball lieben, spielen zusammen mit unserer Lehrerin Frau Becker Fußball. Tor!

So viele Hobbys

In unserer Klasse geht es langweilig zu. Manche Kinder träumen gern, andere wiederum machen gern Streiche oder spielen Brettspiele. Wer gern singt, kann unseren Hausmeister besuchen.

Die Kinder, die gern malen, gehen in die Bücherei-AG. Gemeinsam lesen sie da dieselben Geschichten, Abenteuer-Bücher oder auch Sachbücher über Hobbys oder über die Länder der Erde.

Andere Kinder machen gern Sport. Sie können in der Leichtathletik-AG gemeinsam laufen, springen und werfen. Und die Kinder, die Handball lieben, spielen zusammen mit unserer Lehrerin Frau Becker Fußball. Tor!

3. Was machst du gern? Male es auf und schreibe einen kurzen Text dazu. Du kannst auf der Rückseite weiterschreiben. Lies deinen Text vor.

Alexandra von Plüskow-Kaminski • Lese- und Schreibmalblätter 3/4. Klasse | Illustrationen: Liliane Oser, außer: Sonne: Shutterstock.com/zorina_larisa

 Flohmarkt

Name: Klasse: Datum:

1. Lies und kreuze den richtigen Satz an. Male auf dem Bild an und dazu, was du liest. 2. Ergänze das Bild. Erzähle.
3. Schreibe eine Geschichte zu deinem Bild. Lies deine Geschichte vor.

☐ Der Zauberer hat eine Brille.
☐ Der Zaunberer hat eine Brille.
☐ Der Zauberer hat keine Brille.

☐ Oma kauft eine alte Glase.
☐ Oma kauft eine alte Vase.
☐ Oma kauft eine alte Wiese.

☐ Der Junge gibt Oma eine Tasche.
☐ Der Junge gibt Oma eine Tasse.
☐ Der Junge gibt Opa eine Tasse.

☐ Das Mädchen kauft ein Stück Kuchen.
☐ Das Mädchen kauft einen Kranz.
☐ Das Mädchen kauft eine Wurst.

Alexandra von Plüskow-Kaminski • Lese- und Schreibmalblätter 3/4. Klasse | Illustrationen: Liliane Oser, außer: Sonne: Shutterstock.com/zorina_larisa

Name: Klasse: Datum:

1. Lies, was die Kinder erzählen. Male passende Bilder dazu. Schreibe eine eigene Sprechblase. 2. Ergänze das Bild vom Flohmarkt. Erzähle.
3. Schreibe einen Text zu deinem Bild. Lies deinen Text vor.

Ich habe einen wunderschönen Kompass gefunden. Wenn ich den Kompass kaufe, muss ich ihn säubern. Er ist sehr schmutzig.

Hast du den Zauberer mit der Brille gesehen? Immer, wenn er sich unbeobachtet fühlt, erkenne ich seine Tricks.

Ich bin hungrig, denn mein Magen knurrt. Wollen wir uns beim Kuchenstand anstellen?

Alexandra von Plüskow-Kaminski • Lese- und Schreibmalblätter 3/4. Klasse | Illustrationen: Liliane Oser, außer: Sonne: Shutterstock.com/zorina_larisa

Flohmarkt

Name: Klasse: Datum:

1. Betrachte die Bilder und erzähle die Geschichte. 2. Male ein eigenes Ende in das vierte Bild und erzähle dazu.

3. Schreibe eine Geschichte zu der Bilderfolge. Lies deine Geschichte vor.

Name: Klasse: Datum:

1. Lies und ergänze das Bild. 2. Male eigene Monster und Gespenster in das Bild. Erzähle dazu. Ergänze weitere Sätze. 3. Schreibe eine kurze Geschichte zu deinem Bild. Lies deine Geschichte vor, wenn du magst.

Gruselparty
Ein Gespenst steht neben der Tür.
Zwei Gespenster tanzen auf dem Tisch.
Zwei Monster sitzen im Regal.
Drei Gespenster sitzen auf dem Sofa.
Zwei Monster fliegen mit dem Teppich durch das Zimmer.

Alexandra von Plüskow-Kaminski • Lese- und Schreibmalblätter 3/4. Klasse | Illustrationen: Liliane Oser, außer: Sonne: Shutterstock.com/zorina_larisa

Name: Klasse: Datum:

1. Lies und ergänze das Bild. 2. Male eigene Monster und Gespenster in das Bild. Erzähle dazu. Ergänze den Text.

Die Gruselparty

Heute treffen sich viele Monster und Gespenster.
Über dem Türeingang hängt ein Schild mit dem Wort Gruselparty.
Das Monster Momo kann gut jonglieren. Es steht neben dem Regal und jongliert mit drei Bällen.
Das Gespenst Sofia fliegt mit dem Teppich durch das Zimmer.
Und was ist mit den kleinen Monsterkindern? Sie sind auf dem Sofa eingeschlafen.
So eine Monster- und Gespenster-Party macht müde.

3. Schreibe eine eigene kurze Geschichte zu deinem Bild. Lies deine Geschichte vor, wenn du magst.

Alexandra von Plüskow-Kaminski • Lese- und Schreibmalblätter 3/4. Klasse | Illustrationen: Liliane Oser, außer: Sonne: Shutterstock.com/zorina_larisa

Name: Klasse: Datum:

1. Lies die Beschreibung und male dazu das passende Monster.
2. Male weitere Monster in den Kasten. Erzähle.
3. Schreibe eine Geschichte zu deinem Bild und lies deine Geschichte vor.

Das Monster Fridolin

Das Monster Lilo und sein Freund Fridolin besuchen eine Party.
Fridolin hat einen runden Kopf und einen runden Bauch mit fünf dünnen Armen und zwei Beinen. An den Händen hat er drei Finger. Sein Körper ist orange.
Vorne am Kopf befinden sich nebeneinander drei gelbe Augen. Fridolin hat strubbelige rote Haare, vier lila Ohren, eine blaue Nase und einen blauen Mund.
Das Monster trägt ein grünes T-Shirt und eine kurze gelbe Hose.
Es hat zwei grüne Schuhe und blaue Socken.
In einer Hand hält Fridolin eine Blume. In einer anderen Hand hält er eine Gitarre.

Alexandra von Plüskow-Kaminski • Lese- und Schreibmalblätter 3./4. Klasse | Illustrationen: Anna-Lena Kühler, außer: Sonne: Shutterstock.com/zorina_larisa

Name: Klasse: Datum:

1. Lies und ergänze das Bild. 2. Male eigene Tiere oder Gehege in das Bild. Erzähle dazu. Ergänze weitere Sätze.

Streichelzoo

In einem Gehege stehen zwei Schafe.
Außerdem sind dort drei Ziegen.
Es gibt ein weiteres Gehege mit vielen Meerschweinchen und Kaninchen.
Die Kaninchen fressen gerade Salat.
Ein Meerschweinchen klettert auf einem Ast.
Ein anderes Meerschweinchen frisst eine Möhre.

3. Schreibe eine kurze Geschichte zu deinem Bild. Lies deine Geschichte vor, wenn du magst.

Alexandra von Plüskow-Kaminski • Lese- und Schreibmalblätter 3/4. Klasse | Illustrationen: Liliane Oser, außer: Sonne: Shutterstock.com/zorina_larisa

Name: Klasse: Datum:

1. Lies. Male. 2. Schreibe eigene Sätze. Male dazu. Erzähle.
3. Schreibe eine Geschichte zu deinem Bild und lies sie vor.

Streichelzoo

In einem Gehege stehen zwei Schafe mit weißem Fell und zwei mit hellbraunem Fell.
Die drei Ziegen laufen herum und wollen gefüttert werden.
Es gibt ein weiteres Gehege mit vielen Meerschweinchen und Kaninchen, die gerade Salat und Möhren zum Fressen bekommen haben.
Ein Kaninchen versteckt sich in einem Tunnel unter der Erde.
Man sieht nur seine Ohren.
Ein Meerschweinchen klettert auf einem Ast und fällt gar nicht herunter.
Ein anderes Meerschweinchen frisst Stroh.

Alexandra von Plüskow-Kaminski • Lese- und Schreibmalblätter 3./4. Klasse | Illustrationen: Liliane Oser, außer: Sonne: Shutterstock.com/zorina_larisa

Tiere und Streichelzoo

Name: Klasse: Datum:

1. Lies. Löse die Rätsel. Male das passende Tier und schreibe den Tiernamen dazu. 2. Erzähle, was dir geholfen hat, die Lösung zu finden.
3. Suche dir ein eigenes Tier und schreibe und male ein Rätsel.
4. Lies dein Rätsel vor.

Rätsel 1:
Ich gehöre zur Art der Kamele, bin aber kleiner und habe keinen Höcker. Ich lebe vorwiegend in den Anden. Dort trage ich schwere Lasten. Ich fresse gern Gras, Sträucher, Flechten und Blätter.

Wer bin ich?

____

Rätsel 2:
Ich bin mittelgroß. Ich lebe im Wald. Mich gibt es in vielen Gebieten der Erde. Ich fresse gern Blätter, Gräser und Knospen. Meine Kinder nennt man Kitze.

Wer bin ich?

____

Rätsel 3:
Ich bin klein. Ich lebe in Bäumen im Wald, Parkanlagen oder auch in Gärten in vielen Gebieten der Erde. Ich kann sehr gut klettern. Dabei hilft mir mein buschiger Schwanz. Ich fresse gerne Nüsse, Samen und Früchte.

Wer bin ich?

____

Mein Rätsel:

____

____

____

____

____

____

____

Lösung: 1. Lama, 2. Reh, 3. Eichhörnchen

Alexandra von Plüskow-Kaminski • Lese- und Schreibmalblätter 3/4. Klasse | Illustrationen: Sonne: Shutterstock.com/zorina_larisa

Name: Klasse: Datum:

1. Lies und male. 2. Schreibe eigene kurze Sätze und male dazu. Erzähle.
3. Schreibe eine Geschichte und lies sie vor.

Auf der Kirmes

Es gibt ein großes Riesenrad.
Die Gondeln sind blau und rot.
Ein Clown jongliert mit drei Bällen.
An einem Stand verkauft ein Mann Süßigkeiten.
Eine Frau macht Zuckerwatte.

Alexandra von Plüskow-Kaminski • Lese- und Schreibmalblätter 3./4. Klasse | Illustrationen: Liliane Oser, außer: Sonne: Shutterstock.com/zorina_larisa

 Kirmes und Jahrmarkt

Name: Klasse: Datum:

1. Lies. Male. 2. Male und ergänze Sätze, was du auf dem Jahrmarkt oder der Kirmes erlebt hast oder gern erleben würdest.
3. Schreibe eine Geschichte zu deinem Bild und lies sie vor.

Auf der Kirmes

Es gibt ein großes Riesenrad mit roten und blauen Gondeln.
Eine Frau macht Zuckerwatte in einem großen Topf und verkauft sie.
Ein Clown isst ein Eis mit drei großen Kugeln.
In einem Karussell sitzen vier Personen.
Vor der Geisterbahn stehen fünf Personen an, die Süßigkeiten essen.

Alexandra von Plüskow-Kaminski • Lese- und Schreibmalblätter 3/4. Klasse | Illustrationen: Liliane Oser, außer: Sonne: Shutterstock.com/zorina_larisa

Name: Klasse: Datum:

1. Lies und ergänze das Bild. 2. Schreibe die Geschichte weiter.
3. Denke dir eine eigene Geschichte über eine Geisterbahn oder ein Erlebnis auf der Kirmes aus.

Auf der Kirmes

Lisa und Max besuchen wie jedes Jahr die Kirmes in ihrem Ort.
Es gibt ein großes Riesenrad mit gelben und blauen Gondeln. Die Kinder gehen schnell zum Süßigkeitenstand. Ein Mann verkauft dort Lebkuchenherzen, Liebesperlen und viele andere leckere Dinge. Lisa und Max teilen sich eine große Packung Weingummi und gehen weiter. Sie kommen bei einer Frau vorbei, die in einem großen Topf Zuckerwatte macht. Aber Lisa und Max möchten jetzt schnell zur Geisterbahn gehen. Sie stellen sich in einer langen Schlange an.

Alexandra von Plüskow-Kaminski • Lese- und Schreibmalblätter 3./4. Klasse | Illustrationen: Liliane Oser, außer: Sonne: Shutterstock.com/zorina_larisa

7. Lesemalblätter: Kurzsatz Märchen und Fantasie

Name: Klasse: Datum:

1. Lies. Male zu den Sätzen.

 Die schwarze Burg steht auf einem Berg.	Eine Hexe lebt in ihrem kleinen Holzhaus.
Die Zauberkugel liegt am Ufer eines Sees.	Der Zwerg steht vor einem hohen Turm.
Der Riese sitzt vor seiner Höhle.	 Ein Wolf läuft durch den dunklen Wald.

2. Welcher Märchenort fällt dir ein? Male ihn auf. Schreibe drei oder vier Sätze dazu.

3. Schreibe ein Märchen. Lies dein Märchen vor.

7. Lesemalblätter: Lange Sätze

Märchen und Fantasie

Name: Klasse: Datum:

1. Lies. Male.

Der graue Wolf läuft durch einen unheimlichen, dunklen Wald.

Ein kleiner Zwerg sucht im Wald nach geheimen Zauberpilzen.

Eine Seejungfrau spielt mit einer blauen Zauberkugel im Meer.

Ein König sitzt mit seiner Frau, der Königin, im Thronsaal.

2. Erfinde eine Märchenfigur und male sie. Schreibe etwas über sie.

3. Schreibe ein Märchen, in dem deine Märchenfigur eine wichtige Rolle spielt. Lies dein Märchen vor.

Alexandra von Plüskow-Kaminski • Lese- und Schreibmalblätter 3./4. Klasse | Illustrationen: Liliane Oser, außer: Sonne: Shutterstock.com/zorina_larisa

Name: Klasse: Datum:

1. Lies und male. Erzähle. 2. Was kommt noch in den Zaubertrank? Male und schreibe.

Der Zaubertrank

Zauberer Maximax wohnt im tiefen, dunklen Wald in einem kleinen Haus.

Heute kocht er einen geheimen Zaubertrank. In seinem Zauberbuch steht das Rezept. Darin findet er alles, was er braucht.

Erst stellt er einen großen Topf auf das Feuer. Dann gibt Maximax Nüsse, Beeren und lila Pulver aus Früchten in den großen Topf. Nun füllt er noch Wasser in eine große Kanne und schüttet es in den Topf.

Diese Wirkung hat sein Zaubertrank: ____________________

3. Welcher zauberhafte Gegenstand würde dir Superkraft geben? Male ihn auf und schreibe etwas dazu. Schreibe anschließend ein Märchen dazu. Lies dein Märchen vor.

8. Lesemalblätter: Kurzsatz

Piraten und Schatzsuche

Name: Klasse: Datum:

1. Lies und male. 2. Wie geht die Geschichte weiter? Schreibe weitere Sätze und male dazu. Erzähle.

Das Piratenschiff mit Piratin Sina und Pirat Lukas gelangt endlich an eine Insel.

Piratin Sina schaut durch das Fernrohr.

Sie sieht einen alten Leuchtturm in der Mitte der Insel und daneben eine Palme.

Dort ist die Truhe mit dem Schatz vergraben.

3. Schreibe eine Geschichte zu den Bildern. Lies deine Geschichte vor.

Alexandra von Plüskow-Kaminski • Lese- und Schreibmalblätter 3./4. Klasse | Illustrationen: Liliane Oser: Piratenschiff; Anna-Lena Kühler: Insel; Shutterstock.com/zorina_larisa: Sonne

8. Lesemalblätter: Lange Sätze

Piraten und Schatzsuche

Name: Klasse: Datum:

1. Male eine Schatzkarte für die Piratin Sina und den Piraten Lukas. Auf der Schatzkarte sollen verschiedene Dinge sein.

Insel – Stein – Palme – Busch – Schiff – Lupe im Sand – Fußspur – Trillerpfeife

2. Schreibe auf, wie die Sätze weitergehen sollen.

Piratin Sina und Pirat Lukas haben heute mit ihrem Piratenschiff an der Insel ______________ angelegt. Mit ihrer Schatzkarte wollen sie den berühmten ______________ finden. Mutig gehen sie los. Erst einmal geraten sie ______________ . Da muss doch ein Blick auf die Schatzkarte geworfen werden. Wohin soll es gehen? Die beiden entschließen sich, ______________ zu gehen. Sina ist überzeugt, sie werden ______________ finden. Wo der Schatz wohl liegt? Lukas meint, er ist ______________ . Ob er wohl Recht hat? Plötzlich …

3. Finden die beiden Piraten den Schatz? Schreibe die Geschichte weiter. Du kannst auch die Rückseite des Blattes verwenden. Wenn du magst, kannst du deine Geschichte vorlesen.

____

____

____

Piraten und Schatzsuche

Name: Klasse: Datum:

1. Male eine Schatzkarte für die Piratin Sina und den Piraten Lukas. Auf der Schatzkarte sollen verschiedene Dinge zu sehen sein, die bei der Schatzsuche hilfreich sind:

eine Insel – ein Felsen – ein Schiff – eine Palme – ein Felsbrocken – eine Fußspur – ein Tiger hinter einem Busch – ein Affe auf einem Stein

2. Ergänze die Sätze.

Piratin Sina und Pirat Lukas haben heute mit ihrem Piratenschiff an der Insel ______________________ angelegt. Mit ihrer Schatzkarte wollen sie den berühmten ______________________ finden. Es ist heiß und sie halten die Schatzkarte fest in ihren Händen. Nur ein laues Lüftchen weht, ansonsten scheint alles still. Doch was ist das? ______________________

3. Schreibe auf, was der kleine Pirat und die kleine Piratin auf ihrer Schatzsuche erleben. Du kannst auch die Rückseite dieses Blattes nutzen. Lies deine Geschichte vor.

____

____

____

Alexandra von Plüskow-Kaminski • Lese- und Schreibmalblätter 3./4. Klasse | Illustrationen: Sonne: Shutterstock.com/zorina_larisa

Name: Klasse: Datum:

1. Lies den Brief von Toms Mutter. Male und schreibe für Tom eine Einkaufsliste.

Lieber Tom,
kaufe bitte drei Orangen ein. Dazu brauche ich vier Äpfel und zwei Bananen.
Wir brauchen eine Packung Nudeln und dazu 1 Dose mit Tomaten.
Hackfleisch haben wir noch zu Hause.
Was ist mit dir? Möchtest du eine Pizza? Du kannst dir gerne eine Pizza im Tiefkühlregal aussuchen.
Geld ist im Geldbeutel hier auf dem Tisch.

Danke!
Deine Mama

Einkaufszettel

2. Du darfst dir von deinem Taschengeld ein Spielzeug kaufen. Male es und schreibe Sätze dazu.

3. Schreibe eine Geschichte zum Einkauf deines Lieblingsspielzeugs.

Alexandra von Plüskow-Kaminski • Lese- und Schreibmalblätter 3./4. Klasse | Illustrationen: Sonne: Shutterstock.com/zorina_larisa

9. Lesemalblätter: Lange Sätze

Supermarkt

Name: Klasse: Datum:

1. Du siehst hier verschiedene Einkaufswaren. Schreibe dazu eine Einkaufsliste.

Einkaufszettel

2. Schreibe auf, wie die Sätze weitergehen sollen.

Wenn ich einkaufen gehe, dann ______ .

Am liebsten gehe ich mit ______ einkaufen.

Das mag ich am Einkaufen: ______ .

Hierauf achte ich beim Einkaufen: ______ .

3. Du darfst dir von deinem Taschengeld ein Spielzeug kaufen. Male es und schreibe Sätze dazu.

4. Schreibe eine Geschichte zum Einkauf deines Lieblingsspielzeugs.

Alexandra von Plüskow-Kaminski • Lese- und Schreibmalblätter 3./4. Klasse | Illustrationen: Dorina Tessmann, außer: Sonne: Shutterstock.com/zorina_larisa; Äpfel, Bananen: Anna-Lena Kühler

9. Lesemalblätter: Kurztextebene

Supermarkt

Name: Klasse: Datum:

1. Schreibe einen Einkaufszettel zu dem Text.

Mara und ihre Mutter gehen in einen großen Supermarkt zum Einkaufen. Zunächst kaufen sie Obst und Gemüse. Die Mutter packt neun Äpfel, vier Bananen und drei Kiwis in den Einkaufswagen. Mara legt noch einen Blumenkohl und sechs Tomaten dazu. Schnell besorgen sie noch eine Packung Mehl und eine Tüte Hefe. Am Ende gehen sie zur Kühltheke und kaufen Schinken. Sie freuen sich schon auf das Abendessen. Mit einigen Lebensmitteln wollen sie nämlich eine Pizza backen.

2. Du nimmst an einem Design-Wettbewerb teil. Zeichne eine Verpackung für dein Lieblingsspielzeug. Schreibe einen kurzen Text dazu, der beschreibt, was das Besondere an deinem Spielzeug ist. Lies deinen Text in der Klasse vor.

3. Schreibe einen kurzen Werbetext zu deinem Lieblingsspielzeug. Notiere, kurz und knapp, was das Besondere ist. Du kannst auf der Rückseite des Blattes weiterschreiben. Lies deinen Text in der Klasse vor.

Alexandra von Plüskow-Kaminski • Lese- und Schreibmalblätter 3/4. Klasse | Illustrationen: Sonne: Shutterstock.com/zorina_larisa

Name: Klasse: Datum:

1. Lies die Sätze. Male die Gegenstände in das Kinderzimmer.
2. Was ist noch im Kinderzimmer? Ergänze Sätze und male.

Am Fenster steht ein Tisch.
Vor dem Tisch steht ein Stuhl.
Am Fenster hängt eine bunte Gardine.
Auf der Fensterbank steht eine bunte Blume.
Im Kinderzimmer steht ein Bett.
Auf dem Boden liegt Spielzeug: ein Teddybär, drei Autos und
eine Kiste mit Bausteinen.

3. Was magst du besonders gern an deinem Zuhause? Schreibe Stichworte und male dazu. Erzähle in der Klasse darüber oder lies deine Stichworte vor.

 Mein Zuhause

Name: Klasse: Datum:

1. Pauls Familie zieht um. Paul bekommt einen Grundriss von seinem neuen Zimmer. Zeichne ein, wie er sein Zimmer einrichten möchte. 2. Was braucht Paul noch? Ergänze Sätze und zeichne.

In die rechte Ecke bei der Tür stellt Paul sein Bett.
Vor dem Bett liegt ein runder Teppich.
Paul stellt seinen Schreibtisch mit einem Stuhl neben das Fenster.
Pauls Kleiderschrank kommt an die Wand links neben der Tür.
Paul hat ein großes Regal mit Spielsachen. Darin sind Bausteine, Bücher, Autos und eine Spielekonsole. Wohin stellt Paul dieses Regal?

___

___

___

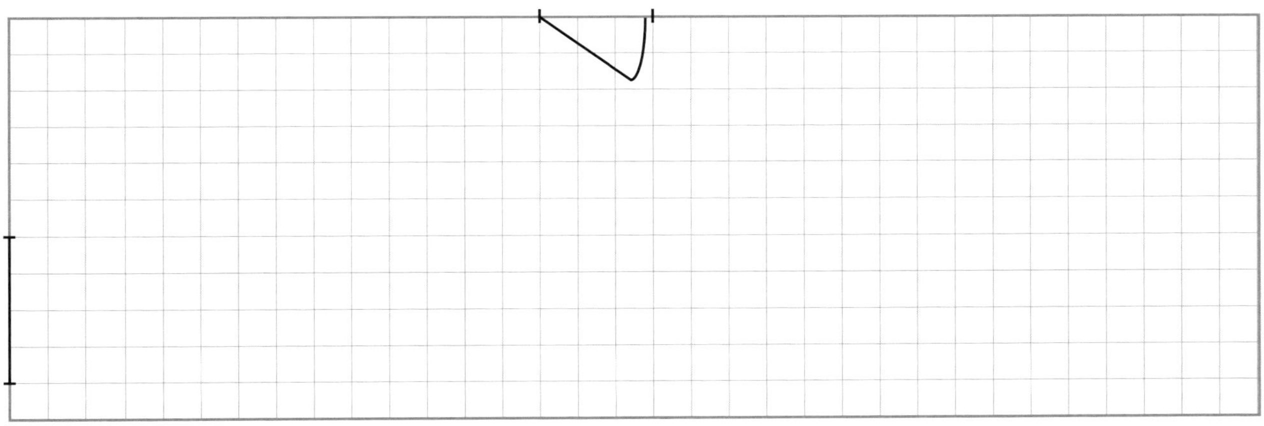

1 cm = 1 m in Wirklichkeit

3. Wenn du ein Traum-Kinderzimmer entwerfen könntest. Wie sieht das aus? Male es auf und schreibe eine kleine Geschichte dazu. Du kannst auch auf der Rückseite weiterschreiben.

___

___

___

___

___

___

Alexandra von Plüskow-Kaminski • Lese- und Schreibmalblätter 3/4. Klasse | Illustrationen: Sonne: Shutterstock.com/zorina_larisa

Name: Klasse: Datum:

1. Lies die kurzen Texte. Male dazu. 2. Wo würdest du gern wohnen? Überlege, male es auf und schreibe Sätze dazu.

In einem Schloss: Hier gibt es viele Zimmer und schöne Möbel wie zum Beispiel große Sofas und Esstische für viele Personen. An den Wänden hängen prunkvolle Spiegel und viele Bilder von adeligen Personen, Blumen und Tieren. In deinem Kinderzimmer findest du ein Himmelbett und viel Spielzeug.	
In einem Baumhaus: Am Fluss hast du dir ein Baumhaus gebaut. Mit einer Strickleiter kommst du in dein Haus. Alles befindet sich in einem Raum. Du hast dort ein Bett und eine Kommode, in der du deine Sachen verstauen kannst. Auch hast du dort eine kleine Küchenzeile. Hier kannst du dir Essen und Trinken zubereiten.	
In ______	

3. Schreibe nun eine kleine Geschichte zu deinem Lieblingswohnort. Du kannst auch auf der Rückseite weiterschreiben. Wenn du magst, liest du sie in der Klasse vor.

Alexandra von Plüskow-Kaminski • Lese- und Schreibmalblätter 3./4. Klasse | Illustrationen: Sonne: Shutterstock.com/zorina_larisa

Name: Klasse: Datum:

1. Ergänze die passenden Begriffe in den Sätzen und male dazu.
Achtung: Ein Begriff passt nicht!

Internetseite – Fernsehen – Internet – Computer – Bildschirm – Handydisplay

Mala sitzt heute an ihrem ______________ .

Sie soll für die Schule im ______________

Informationen zum Waschbär suchen.

Die Bilder auf dem ______________ sind ihr

zu klein. Sie schaut lieber auf den großen

______________ des Computers.

Schon hat sie die passende ______________ gefunden.

Sie kann sogar einen Film über Waschbären herunterladen.

2. Wofür hast du schon einmal einen Computer benutzt? Male und schreibe.

____

____

____

____

____

____

3. Welche Geräte benutzt du noch? Male und schreibe dazu, wie und wofür du sie nutzt.

Beispiele: Fernsehen – Tablet – Kamera – Spielekonsole

____

____

____

Alexandra von Plüskow-Kaminski • Lese- und Schreibmalblätter 3/4. Klasse | Illustrationen: Sonne: Shutterstock.com/zorina_larisa

11. Lesemalblätter: Lange Sätze

Medien

Name: Klasse: Datum:

1. Amira erzählt von ihren Lieblingsfilmen. Lies und male dazu.

Ich mag gern Filme mit Tieren aus fernen Ländern. Dann stelle ich mir vor, dorthin zu reisen. Ich habe schon einmal einen Film über Tiere in Afrika gesehen. Da haben Löwen, Giraffen, Elefanten und andere Tiere an einem Wasserloch ganz friedlich nebeneinander Wasser getrunken.

2. Welche Filme magst du? Schreibe und male dazu.

Ich mag ______________________________

____

____

____

3. Überlege dir, selbst einen Film zu drehen. Wovon würde er handeln? Male und schreibe dazu auf die Rückseite dieses Blattes. Lies deinen Text in der Klasse vor.

Alexandra von Plüskow-Kaminski • Lese- und Schreibmalblätter 3./4. Klasse | Illustrationen: Liliane Oser, außer: Sonne: Shutterstock.com/zorina_larisa

11. Lesemalblätter: Kurztextebene **Medien**

Name: Klasse: Datum:

1. Ella und Luka möchten einen kurzen Film mit ihrem Handy drehen. Sie bauen eine Szene aus Figuren auf. Lies den Text und male dazu. 2. Welche Figuren brauchen Ella und Luka wohl noch? Male und schreibe es auf.

Ella und Luka bauen eine Ritterszene auf. Sie holen zuerst ihre Ritterburg. Sie hat zwei hohe Türme und einen großen Toreingang. Sie bauen diese auf einem Spielteppich auf. Dann nehmen sie fünf Pferde-Figuren. Von den Pferden sind zwei braun, zwei schwarz und eins weiß. Die Pferde stellen sie vor die Burg. Ritter reiten auf ihnen.
Einige Spielfiguren sind in der Burg. Es gibt einen Brunnen, an dem eine Frau mit einem Eimer steht. Ein Junge und ein Mädchen versorgen Hühner und Gänse.

3. Welche Geschichte könnten Ella und Luka filmen? Denke sie dir aus und schreibe sie auf. Du kannst auch auf der Rückseite des Blattes weiterschreiben.

Alexandra von Plüskow-Kaminski • Lese- und Schreibmalblätter 3./4. Klasse | Illustrationen: Sonne: Shutterstock.com/zorina_larisa

12. Lesemalblätter: Kurzsatz Gefühle

Name: Klasse: Datum:

1. Lies die Sätze. Male die Gesichter fertig. 2. Schreibe weitere Sätze in die Sprechblase und male das passende Gesicht dazu.

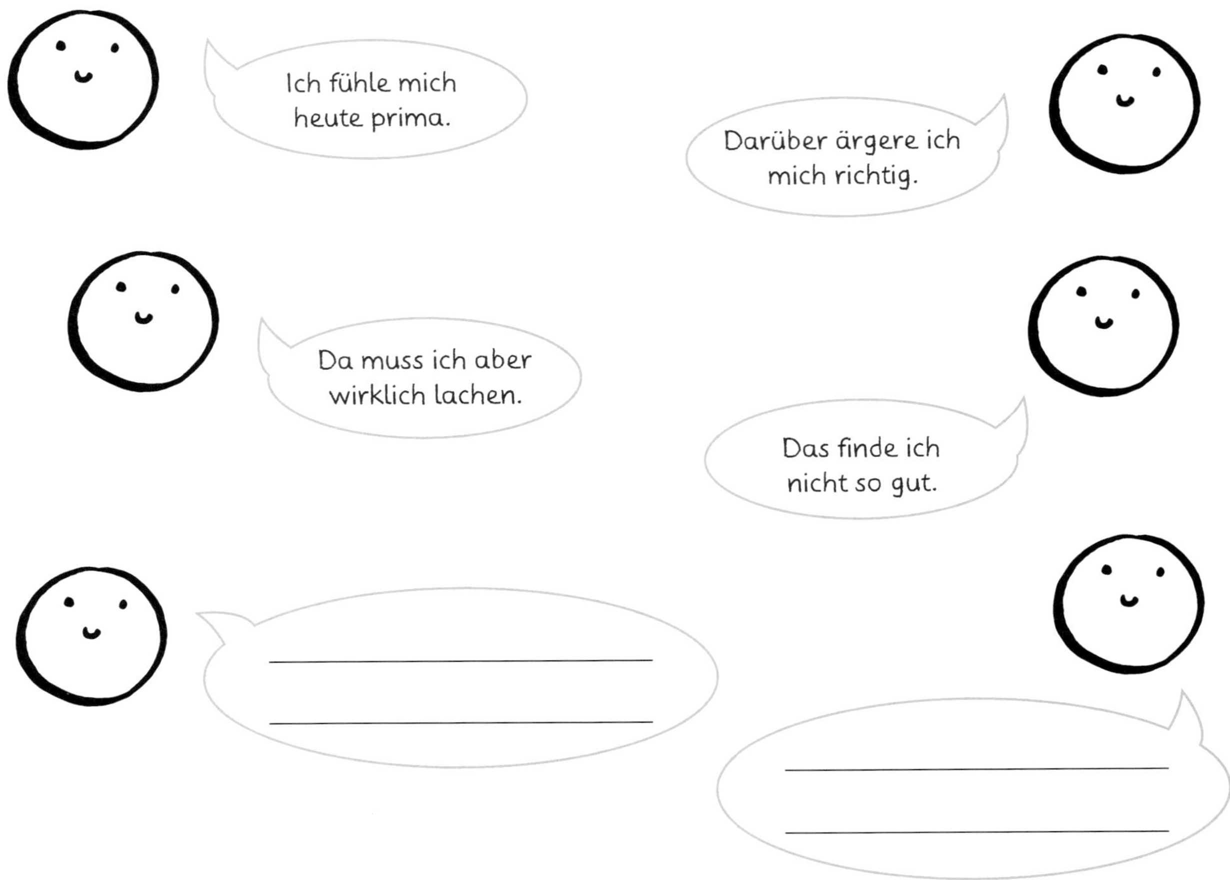

3. Kreuze an, wie du dich fühlst. Male dich dann und schreibe einen kurzen Text darüber.

☐ fröhlich ☐ mittelmäßig ☐ traurig ☐ wütend

Alexandra von Plüskow-Kaminski • Lese- und Schreibmalblätter 3/4. Klasse | Illustrationen: Liliane Oser, außer: Sonne: Shutterstock.com/zorina_larisa

Name: Klasse: Datum:

1. Lies die Sätze. Wie fühlen sich die Personen? Ergänze die Lücken in den Sätzen. Male dazu. 2. Wie geht es dir heute? Male ein Bild, wie du dich fühlst und schreibe dazu.

genervt – aufgeregt – fröhlich – traurig – müde

Mama hat heute lange gearbeitet. Sie ist ganz ______________________ .

Lina darf heute zum ersten Mal zum Fußball. Deshalb ist sie sehr ______________________ .

Memet konnte heute nicht mit seinem Hund spielen, weil er krank ist. Das macht ihn ______________________ .

Tom ist ______________________ . Er hat heute Geburtstag.

Opa ist ______________________ . Schon wieder sucht er seine Brille.

Ich ______________________ ______________________ .

3. Schreibe einen kurzen Text, wie es dir heute geht. Du kannst dafür die Rückseite des Blattes benutzen.

Alexandra von Plüskow-Kaminski • Lese- und Schreibmalblätter 3./4. Klasse | Illustrationen: Sonne: Shutterstock.com/zorina_larisa

Name: Klasse: Datum:

1. Lies den Text. Male auf, wie sich die Kinder fühlen.

In der Klasse treffen viele Kinder aufeinander, die sich ganz unterschiedlich fühlen.

Heute ist Leonie ganz schlecht gelaunt. Schon morgens hat sie verschlafen und es fiel ihr so schwer, aus dem Bett aufzustehen.

Max ist ganz aufgeregt. Heute darf er zum ersten Mal beim Fußball mitmachen. Was ihn wohl erwartet?

Mustafa ist ein wenig verträumt. Er denkt an seinen Hund. Am Nachmittag möchte er mit ihm einen langen Spaziergang machen. Er wirft dann immer Stöckchen für den Hund Ben. Und Ben bringt sie zurück. Das nennt man apportieren.

Sofia ist ein bisschen bedrückt. Ihre Oma war eine Woche lang zu Besuch. Heute fährt sie wieder zurück nach Hause. Das findet Sofia schade.

2. Kreuze an, was stimmt und was nicht stimmt.

Aussagen	richtig	falsch
Leonie hat heute einen guten Tag. Sie ist hellwach.		
Max darf heute zum ersten Mal beim Fußball mitmachen.		
Mustafa denkt an seine Katze, die immer schnurrt.		
Sofias Oma kommt zu Besuch. Sie freut sich.		

3. Wie fühlst du dich heute? Male es auf und erzähle davon. Schreibe einen kurzen Text zu dem Bild. Lies den Text in der Klasse vor.

Alexandra von Plüskow-Kaminski • Lese- und Schreibmalblätter 3/4. Klasse | Illustrationen: Liliane Oser, außer: Sonne: Shutterstock.com/zorina_larisa

13. Lesemalblätter: Kurzsatz Meer

Name: Klasse: Datum:

1. Lies die Sätze und male dazu. 2. Was ist noch am Strand oder im Wasser? Male und schreibe.

Lisa ist mit ihren Eltern am Strand.
Es ist schönes Wetter. Es sind nur drei kleine Wolken am Himmel.
Die Sonne scheint.
Lisa liegt auf einem großen hellblauen Handtuch im Sand.
Lisas Mutter sitzt in einem Schlauchboot.
Sie lässt sich auf dem Wasser von den vielen Wellen schaukeln.
Lisas Vater bläst den rot-gelben Wasserball auf.

3. Was hast du schon einmal am Meer erlebt? Male und schreibe es auf. Du kannst auch auf der Rückseite weiterschreiben.

Alexandra von Plüskow-Kaminski • Lese- und Schreibmalblätter 3./4. Klasse | Illustrationen: Liliane Oser, außer: Sonne: Shutterstock.com/zorina_larisa

Name: Klasse: Datum:

1. Lies die Tierbeschreibungen und male dazu. 2. Schreibe die fehlende Beschreibung zu dem Tier.

Möwen leben meistens an Küsten. Sie können sehr gut fliegen und suchen den Strand nach Beute ab.

Seesterne leben im Meer in bis zu 200 m Wassertiefe. Sie ernähren sich von Muscheln, Schnecken und Krabben.

Der Kugelfisch hat einen rundlichen Körper mit vielen kleinen Stacheln. Er bewegt sich mit seinen Brustflossen langsam fort.

3. In den Bezeichnungen *Feuerqualle* und *Seepferdchen* stecken jeweils zwei Nomen. Deshalb sind es zusammengesetzte Nomen. Erfinde fünf Fantasietiere und schreibe ihre Namen auf. Dafür kannst du die Nomen unten zusammensetzen. Suche dir ein Tier aus, male es und beschreibe es. Nutze auch die Rückseite des Blattes.

Beutel – Schnuller – Limonaden – Bücher – Blumen

Fisch – Schlange – Hase – Elefant – Maus

Alexandra von Plüskow-Kaminski • Lese- und Schreibmalblätter 3./4. Klasse | Illustrationen: Liliane Oser, außer: Sonne: Shutterstock.com/zorina_larisa

13. Lesemalblätter: Kurztextebene **Meer**

Name: Klasse: Datum:

1. Lies den Text und male dazu. Ergänze den Text und das Bild.

Du verbringst ein paar Tage am Meer. Du machst es dir im Strandkorb gemütlich. Von dort aus schaust du über den Strand hinweg.
Drei Kinder spielen im Sand. Sie bauen eine Sandburg. Sie haben Schaufeln und Eimer dabei. Die Sandburg ist schon fast fertig. Sie hat vier Türme und ist mit Muscheln geschmückt.
Auf dem Meer fährt ein Boot. Es ist weiß und hat ein schönes Segel.
Über dem Wasser fliegen fünf Möwen.

____

____

____

2. Kreuze an, was richtig ist. Die Buchstaben ergeben ein Lösungswort.

A: Du verbringst ein paar Tage in den Bergen. (T)
A: Du verbringst ein paar Tage am Meer. (B)

B: Drei Kinder spielen im Sand. (U)
B: Drei Kinder spielen im Wasser. (E)

C: Das Boot in der Ferne ist weiß. (R)
C: Das Boot, das du auf dem Meer siehst, ist blau. (N)

D: Über dem Wasser fliegen sechs Möwen. (D)
D: Über dem Wasser fliegen fünf Möwen. (G)

Lösungswort: ______________

3. Was magst du am Meer gerne? Male es auf und schreibe einen Text dazu. Du kannst auch auf der Rückseite weiterschreiben.

____

____

____

____

Alexandra von Plüskow-Kaminski • Lese- und Schreibmalblätter 3/4. Klasse | Illustrationen: Sonne: Shutterstock.com/zorina_larisa

 Umweltschutz

Name: Klasse: Datum:

1. Wie kann man die Umwelt schützen? Lies die Sätze. Male dazu. 2. Fällt dir noch etwas ein, wie man die Umwelt schützen kann? Male und schreibe.

Mia trennt mit ihrer Familie den Müll und spart dadurch Restmüll.	Luca fährt mit dem Fahrrad zur Schule, manchmal mit dem Bus.
Beim Einkaufen von Obst und Gemüse verzichtet Fabios Familie auf Papier- und Plastiküten.	Alinas Familie kauft Lebensmittel wie Jogurt und Getränke in Mehrwegflaschen aus Glas.
Hanna stellt sich die Eieruhr beim Duschen, um Wasser zu sparen.	

3. Schreibe einen kurzen Text mit deinen Ideen zum Umweltschutz. Male auch dazu. Schreibe auf der Rückseite weiter.

Alexandra von Plüskow-Kaminski • Lese- und Schreibmalblätter 3/4. Klasse | Illustrationen: Sonne: Shutterstock.com/zorina_larisa

14. Lesemalblätter: Lange Sätze

Umweltschutz

Name: Klasse: Datum:

1. Bringe die Sätze in die richtige Reihenfolge, indem du sie nummerierst. Die Buchstaben am Ende ergeben in der richtigen Reihenfolge das Lösungswort. 2. Male zu der Geschichte.

- ☐ Heute ist Umwelttag an Marcos Schule. (W)
- ☐ Dann sammeln sie gemeinsam an der Schule den Müll ein. (S)
- ☐ Die Kunstwerke verkaufen sie nachmittags für einen guten Zweck. (R)
- ☐ Marco macht bei der Müllsammel-AG mit. (A)
- ☐ Aus dem gereinigten Müll basteln sie kleine Kunstwerke. (E)
- ☐ Alle Kinder nehmen einen Müllsammler und Papiertüten zum Sammeln mit. (S)

Lösungswort: ______________________

2. Male ein Kunstwerk aus Müll. Was kann es sein? Beschreibe in einigen Sätzen, was du mit deinem Kunstwerk machst.

____

____

____

____

____

Name: Klasse: Datum:

1. Lies den Text. Kreuze in der Tabelle an, ob die Aussage über den Text stimmt oder nicht stimmt. Male zu dem Text.

An Linas und Alis Schule ist heute Umwelttag. Die Kinder haben Müll gesammelt. Aus dem gesäuberten Müll basteln sie Kunstwerke. Am Nachmittag verkaufen die Kinder die Müll-Kunstwerke für einen guten Zweck. Eine Arbeitsgruppe beschäftigt sich mit dem Thema „Energie sparen". Die Kinder finden dafür einfache Möglichkeiten: Wenn man beim Zähneputzen das Wasser ausstellt, kann man Wasser sparen. Strom lässt sich sparen, indem man elektrische Geräte ganz ausstellt. Im Stand-by-Betrieb verbrauchen sie nämlich ebenfalls Energie. Auch bei der Heizung kann man durch Herunterregeln der Temperatur Energie einsparen.

Aussagen	richtig	falsch
An der Schule ist in der nächsten Woche Umwelttag.		
Die Kinder haben Müll gesammelt.		
Das Geld vom Verkauf der Müll-Kunstwerke behalten die Kinder für sich.		
Eine Arbeitsgruppe arbeitet zum Thema „Energie sparen".		
Die Kinder finden keine Möglichkeiten, wie man Energie sparen kann.		

2. Wie kannst du Energie sparen? Finde weitere drei Möglichkeiten und schreibe sie auf. Male dazu. Du kannst auch die Rückseite des Blattes benutzen.

Schätze aus der Natur

Name: Klasse: Datum:

1. Lies und male, was du in der Natur alles finden kannst.

Auf der Wiese finde ich viele bunte Blumen.

Im Gras sehe ich ein Schneckenhaus.

Unter dem Baum liegt die zerbrochene Schale eines Vogeleis.

Unter dem Baum liegen kleine Ästchen.

Ich finde im Sand schöne Steine.

Auf dem Weg liegt ein dicker Ast.

2. Male und schreibe auf, was du schon einmal in der Natur gefunden hast. Was gefällt dir besonders gut an deinem Schatz aus der Natur?

Alexandra von Plüskow-Kaminski • Lese- und Schreibmalblätter 3/4. Klasse | Illustrationen: Baum: Liliane Oser, Ast: Anna-Lena Kühler, Sonne: Shutterstock.com/zorina_larisa

Name: Klasse: Datum:

1. Lies Leos Tagebuch aus der Natur und male dazu.

Heute war ich mit meinen Freunden im Wald.
Wir haben einen kleinen Hasen gesehen, der verschreckt davonhoppelte. Auf dem Stamm eines Baumes saß ein Specht, der einen lustigen Takt mit seinem Schnabel hämmerte.
Am Wegesrand war Holz gestapelt, aus dem eine Mäusefamilie hervorlugte.
Unter einem Baum fanden wir einen Tannenzapfen, den eine Maus abgenagt hatte. Auf dem Weg waren große Fußstapfen und die Spuren eines Rehs.

2. Was stimmt, was stimmt nicht? Kreuze an.

Aussagen	richtig	falsch
Leo war heute mit Freunden am Strand.		
Im Wald haben sie ein Wildschwein gesehen.		
Der kleine Hase hoppelte verschreckt davon.		
Der Specht hämmerte einen lustigen Takt mit seinem Schnabel.		
Aus dem Holzstapel lugte eine Vogelfamilie hervor.		
Der Tannenzapfen, der unter dem Baum lag, war von einer Maus abgenagt worden.		
Auf dem Weg waren Spuren von Hunden.		

3. Male links, was du in der Natur erlebt hast. Schreibe dann eine kurze Geschichte dazu. Du kannst auch auf der Rückseite weiterschreiben.

Alexandra von Plüskow-Kaminski • Lese- und Schreibmalblätter 3./4. Klasse | Illustrationen: Sonne: Shutterstock.com/zorina_larisa

Schätze aus der Natur

Name: Klasse: Datum:

1. Lies den ersten Text. Male dazu. 2. Lies den zweiten Text. Vergleiche den zweiten Text mit dem ersten. Findest du die zehn Fehler? Markiere sie farbig.

Abenteuer in der Natur

Meine Freundin Carla und ich gehen gern mit der Becherlupe in die Natur und suchen nach Schätzen. Meistens finden wir kleine Steine, die außergewöhnliche Muster haben. Wir bemalen sie gern mit schönen Mustern. Unter der Becherlupe kann man auch kleine Tiere oder Pflanzen erkennen, die sich in Wasser befinden.

Manchmal erstellen wir Kunstwerke aus der Natur.
Beispielsweise haben wir einen großen Traumfänger gebastelt, der sich aus Ästen, Blättern und Früchten, Zapfen und Gräsern zusammensetzt.
An manchen Tagen lesen wir Tierspuren, die sich auf dem Weg befinden. Mithilfe eines Tierlexikons können wir diese Spuren erkennen.

Abenteuer in der Natur

Meine Freundin Carla und ich gehen gern mit der Sammeldose in die Natur und suchen nach Schätzen. Meistens finden wir kleine Blätter, die langweilige Muster haben. Wie bemalen sie gern mit schönen Sonnenaufgängen. Unter der Becherlupe kann man auch kleine Tiere oder Fische erkennen, die sich in Erde befinden.
Manchmal erstellen wir Kleidung aus der Natur.
Beispielsweise haben wir einen großen Hund gebastelt, der sich aus Ästen, Blättern und Knospen, Zapfen und Gräsern zusammensetzt. An manchen Tagen lesen wir Bücher, die sich auf dem Weg befinden. Mithilfe eines Tierlexikons können wir diese Spuren erkennen.

3. Was hast du in der Natur erlebt? Male es auf und schreibe einen kurzen Text dazu. Du kannst auch auf der Rückseite weiterschreiben. Lies deinen Text vor.

Alexandra von Plüskow-Kaminski • Lese- und Schreibmalblätter 3/4. Klasse | Illustrationen: Liliane Oser, außer: Sonne: Shutterstock.com/zorina_larisa

16. Lesemalblätter: Kurzsatz

Durch das Jahr

Name: Klasse: Datum:

1. Verbinde jeweils einen Teilsatz links mit einem passenden Teilsatz rechts.
2. Male passende Bilder zu den Jahreszeitensätzen.

Im Winter laufen ●	● im Herbst ihr Futter für den Winter.
Die Eichhörnchen sammeln ●	● fallen die Blätter von den Bäumen.
Einen Schneemann ●	● sprießen im Frühjahr.
Im Sommer ●	● wachsen erste Frühlingsblumen.
Im Herbst ●	● viele Kinder Schlittschuh.
Erste Knospen ●	● essen wir gern an heißen Sommertagen.
Leckeres Eis ●	● gehen wir gerne ins Freibad.
Im Frühjahr ●	● bauen wir im Winter.

Frühjahr	*Sommer*

Herbst	*Winter*

3. Welche Jahreszeit magst du am liebsten? Suche dir eine aus. Male und schreibe dazu.

____

____

____

____

Alexandra von Plüskow-Kaminski • Lese- und Schreibmalblätter 3./4. Klasse | Illustrationen: Liliane Oser, außer: Sonne: Shutterstock.com/zorina_larisa

Name: Klasse: Datum:

1. Lies die Postkarte von Ana aus ihrem Urlaub. Male dann ein passendes Bild dazu.

Hallo ______________________,

die Sommerferien sind prima. Ich bin zurzeit in Dänemark. Besonders gern bin ich am Strand. Da gibt es viele Muscheln und Möwen. Lecker finde ich die Hotdogs. Die kennst du bestimmt. Das sind die länglichen Brötchen, in denen eine Wurst steckt. Wir genießen schöne Sommertage. Zur Abkühlung essen wir Eis mit bunten Streuseln.

Liebe Grüße aus Dänemark

Deine Ana

2. Schreibe eine Postkarte aus einem Urlaub an einen Freund oder eine Freundin. In welcher Jahreszeit bist du unterwegs? Wo bist du und was machst du? Male auch ein passendes Bild. Lies deine Postkarte vor.

Hallo ______________________,

____

____

____

____

____

____

____

Liebe Grüße aus ______________________

____

Alexandra von Plüskow-Kaminski • Lese- und Schreibmalblätter 3/4. Klasse | Illustrationen: Sonne: Shutterstock.com/zorina_larisa

Name: Klasse: Datum:

1. Lies den ersten Text. Male dazu. 2. Lies dann den zweiten Text. Vergleiche den zweiten Text mit dem ersten. Findest du die zehn Fehler? Markiere sie farbig.

Die Jahreszeiten

Im Frühling wärmen uns die ersten Sonnenstrahlen. Die Frühblüher stecken ihre Köpfe aus der Erde. An den Bäumen sprießen die ersten Knospen. Die Zugvögel kommen aus ihren Winterquartieren zurück. Nun beginnt der Nestbau und die ersten Vogelküken schlüpfen.
Im Sommer wird es wärmer. Ein schönes, kühles Eis schmeckt besonders gut, wenn die Sonne scheint. Wir gehen ins Freibad und genießen das kühle Wasser. Abends bleibt es länger hell.
Im Herbst werden die Tage dann wieder kürzer. Die Bäume verlieren ihre Blätter, und wir sammeln Kastanien und Eicheln. Daraus basteln wir lustige Figuren.
Im Winter ziehen wir warme Jacken, Schals und Mützen an. Wenn Schnee fällt, können wir Schneemänner bauen und rodeln. Auf der Eisbahn können wir Schlittschuh fahren.

Die Jahreszeiten

Im Herbst wärmen uns die ersten Sonnenstrahlen. Die Frühblüher stecken ihre Köpfe aus der Erde. An den Bäumen sprießen die ersten Sonnenstrahlen. Die Rehe kommen aus ihren Winterquartieren zurück. Nun beginnt der Nestbau und die ersten Hasen schlüpfen.
Im Sommer wird es eiskalt. Ein schönes, kühles Eis schmeckt besonders gut, wenn die Sonne scheint. Wir gehen ins Freibad und genießen das kühle Wasser. Mittags bleibt es länger hell.
Im Herbst werden die Tage dann wieder länger. Die Bäume verlieren ihre Blätter, und wir sammeln Kastanien und Eicheln. Daraus basteln wir langweilige Figuren.
Im Winter ziehen wir dünne Jacken, Schals und Mützen an. Wenn Regen fällt, können wir Schneemänner bauen und rodeln. Auf der Eisbahn können wir Schlittschuh fahren.

3. Suche dir eine Jahreszeit aus und beschreibe, was typisch für sie ist. Male auch dazu. Du kannst auch die Rückseite dieses Blattes benutzen.

17. Lesemalblätter: Kurzsatz — Geburtstag feiern

Name: Klasse: Datum:

1. Lies und ergänze das Bild. 2. Wer kommt zu Besuch, was fehlt noch auf dem Tisch? Male und erzähle dazu. Ergänze weitere Sätze.

Nia hat heute Geburtstag. Sie wird neun Jahre alt.
Auf ihrer Torte sind neun Kerzen.
Auf dem Tisch liegen Luftschlangen.
Nia bekommt vier Geschenke. Ein Geschenk ist ganz groß.
Es steht auf dem Boden.

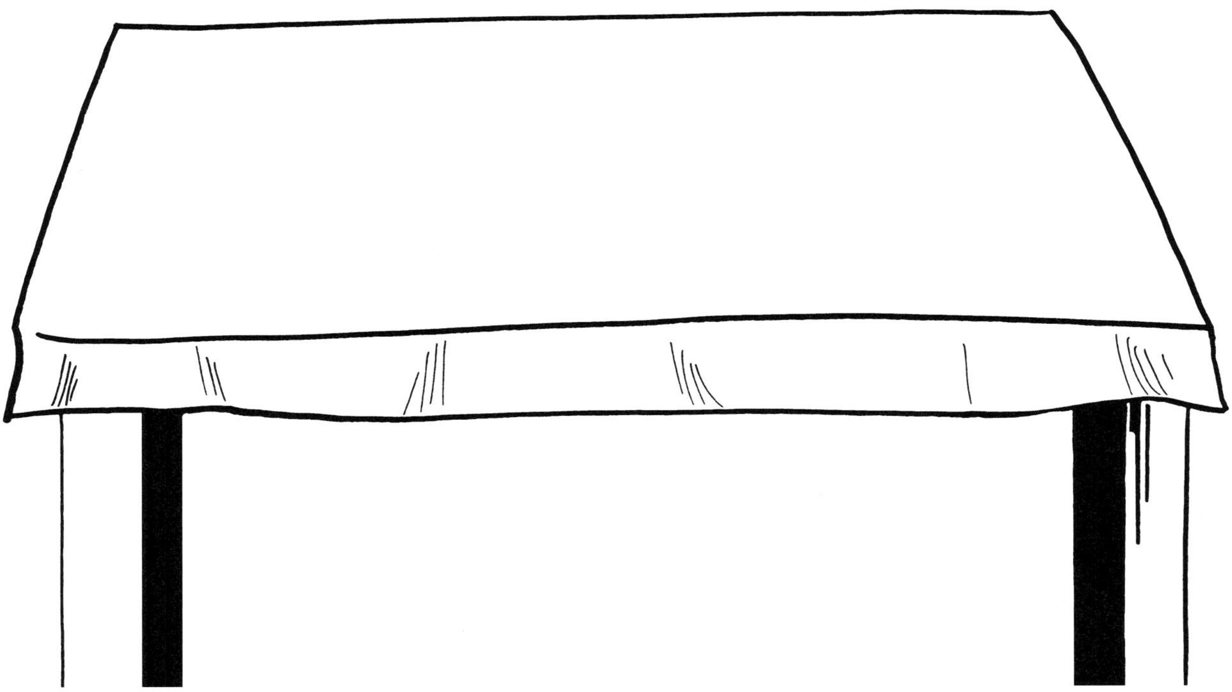

3. Wie hast du deinen Geburtstag gefeiert? Male und schreibe dazu.

Alexandra von Plüskow-Kaminski • Lese- und Schreibmalblätter 3/4. Klasse | Illustrationen: Liliane Oser, außer: Sonne: Shutterstock.com/zorina_larisa

17. Lesemalblätter: Lange Sätze

Geburtstag feiern

Name: Klasse: Datum:

1. Finde acht Geburtstagswörter im Suchsel (↓ →). Markiere sie farbig und schreibe sie auf die Schreiblinien.

B	N	T	O	R	T	E	A	L	M	B	S
Q	R	S	G	L	M	N	O	P	R	A	P
S	G	E	S	C	H	E	N	K	L	L	Q
A	A	X	Y	Ö	E	R	C	L	K	L	W
L	S	I	N	G	E	N	X	R	E	O	T
S	T	G	R	Q	W	I	Y	M	R	N	P
Q	Z	L	M	Y	L	X	L	E	Z	P	Ä
G	R	A	T	U	L	I	E	R	E	N	L
F	E	I	E	R	Ä	K	P	M	N	E	Q

____

____

2. Lies die Sätze und füge die Geburtstagswörter passend ein. Male dazu.

Nadia hat heute Geburtstag. Oma kommt als ______________________ zur ______________________. Sie ______________________ ihrer Enkelin und wünscht ihr alles Gute. Oma hat auch ein ______________________ für Nadia und dazu einen großen, bunten ______________________. Nach und nach kommen alle Gäste. Sie ______________________ ein schönes Geburtstagsständchen für Nadia. Dann pustet Nadia die ______________________ aus und alle essen ______________________. Was für eine schöne Feier!

3. Wie stellst du dir deine Traumgeburtstagstorte vor? Male ein Bild und beschreibe sie auf der Rückseite dieses Blattes.

Name: Klasse: Datum:

1. Lies den ersten Text. Male dazu. 2. Lies dann den zweiten Text. Vergleiche den zweiten Text mit dem ersten. Findest du die zehn Fehler? Markiere sie farbig.

Eine Party für Ben

Ben hat heute Geburtstag. Er wird schon zehn Jahre alt. Deshalb möchte er eine fröhliche Party feiern. Er hat vier Freunde und fünf Freundinnen eingeladen. Erst einmal essen alle gemeinsam Kuchen. Danach packt Ben die Geschenke aus. Was für eine Überraschung: Seine Freunde und Freundinnen haben alle zusammengelegt. So kann er sich nun das Spiel kaufen, das er sich schon so lange wünscht. Nachher feiert er eine Fußball-Party. Die zehn Kinder teilen sich in zwei Mannschaften auf und spielen in einer Halle Fußball. Tor! Bens Mannschaft hat gewonnen. Zum Abschluss gibt es Würstchen und Pommes.

Eine Party für Ben

Ben hat heute Namenstag. Er wird schon zwölf Jahre alt. Deshalb möchte er eine fröhliche Party feiern. Er hat zwei Freunde und fünf Freundinnen eingeladen. Erst einmal essen alle gemeinsam Nudeln. Danach packt Ben die Geschenke ein. Was für eine Überraschung: Seine Freunde und Freundinnen haben alle zusammengelegt. So kann er sich nun das Bild kaufen, das er sich schon so lange wünscht. Nachher feiert er eine Handball-Party. Die zehn Kinder teilen sich in drei Mannschaften auf und spielen in einer Halle Fußball. Tor! Bens Mannschaft hat verloren. Zum Abschluss gibt es Würstchen und Pudding.

3. Wie hast du deine schönste Geburtstagsfeier verbracht? Schreibe eine kurze Geschichte und male dazu. Du kannst auch auf der Rückseite weiterschreiben. Erzähle davon und lies deinen Text vor.

Alexandra von Plüskow-Kaminski • Lese- und Schreibmalblätter 3/4. Klasse | Illustrationen: Sonne: Shutterstock.com/zorina_larisa

Name: Klasse: Datum:

1. Lies die Rätsel zu Hauptfiguren aus Märchen. Schreibe auf, wie die Figur heißt und um welches Märchen es sich handelt. 2. Male die fehlende Märchenfigur jeweils in den Rahmen.

A) Ich bin klein.
Ich kann weit springen.
Ich habe eine grüne Farbe.
Ich lebe im Brunnen.
Ich habe eine goldene Kugel gefunden.

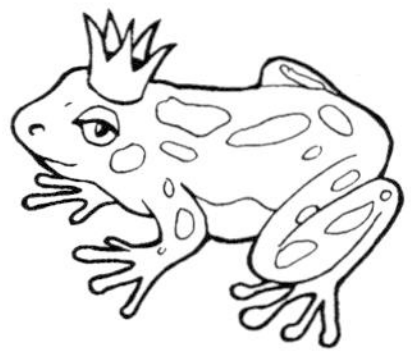

Wer bin ich? ______________________

Märchen: ______________________

B) Ich bin alt.
Ich bin gemein.
Ich habe ein Haus mit einem Ofen.
Ich habe einen Käfig.
Mein Haus ist aus Pfefferkuchen.

Wer bin ich? ______________________

Märchen: ______________________

C) Ich bin klein.
Ich habe einen Korb.
In dem Korb sind Sachen
für meine kranke Oma.
Ich trage eine rote Kappe.

Wer bin ich? ______________________

Märchen: ______________________

3. Male deine liebste Märchenfigur auf. Erzähle davon. Schreibe kurze Sätze dazu.

____

____

____

Alexandra von Plüskow-Kaminski • Lese- und Schreibmalblätter 3/4. Klasse | Illustrationen: Dorina Tessmann, außer: Sonne: Shutterstock.com/zorina_larisa

18. Lesemalblätter: Lange Sätze **Märchenwelten**

Name: Klasse: Datum:

1. Löse die Rätsel zu Märchenfiguren. Fülle die Lücken und male dazu. Lies deine Lösungen vor.

A) Wenn ich durch den Wald gehe, darf ich auf keinen Fall mit dem Wolf sprechen.

Wer bin ich? – Ich bin ______________________ .

B) Ich darf nicht mit zum Ball, denn meine Stiefmutter lässt mich sauber machen und aufräumen.

Wer bin ich? – Ich bin ______________________ .

C) Ich tanze um ein Feuer und möchte mir das Kind der Königin holen.

Wer bin ich? – Ich bin ______________________ .

D) Ich habe mich an einer Spindel gestochen. Seitdem schlafe und schlafe ich.

Wer bin ich? – Ich bin ______________________ .

E) Mit meiner Schwester bin ich auf dem Weg durch den Wald, weil wir unser Elternhaus suchen. Plötzlich sehen wir ein wunderschönes Haus aus Pfefferkuchen.

Wer bin ich? – Ich bin ______________________ .

2. Schreibe ein eigenes Rätsel zu einer Märchenfigur und male ein Bild dazu.
3. Lies dein Rätsel in der Klasse vor. Wer findet heraus, welche Figur du meinst?

____

____

____

____

____

Name: Klasse: Datum:

1. Lies den ersten Text. Male dazu. 2. Lies dann den zweiten Text. Vergleiche den zweiten Text mit dem ersten. Findest du die zehn Fehler? Markiere sie farbig.

Im Märchenland

Heute ist ein besonderer Tag. Im Märchenland soll gefeiert werden. Eingeladen haben der König und die Königin, die Eltern von Dornröschen. Ihre Tochter ist nun wieder wach und hat den Prinzen getroffen. Dornröschens beste Freundinnen Aschenputtel, Rotkäppchen und Schneeweißchen und Rosenrot bereiten die Party mit Dornröschen vor. Das tapfere Schneiderlein näht am laufenden Meter wunderschöne Kleider für die Freundinnen und Tischwäsche. Hans im Glück kommt mit seiner Gans unter dem Arm vorbei und pfeift vergnügt ein Lied. Hänsel und Gretel und die Hexe haben sich vertragen. Sie kommen mit einem großen Geschenk für Dornröschen. Der Froschkönig hat einen Weitsprung-Wettbewerb geplant. Alle sind bester Laune. Nur eine fehlt: Es ist die böse Fee. Die haben die Eltern von Dornröschen weit fortgeschickt, damit sie keinen Ärger mehr machen kann.

Im Märchenland

Heute ist ein besonderer Tag. Im Schloss soll gefeiert werden. Eingeladen haben der König und die Königin, die Großeltern von Dornröschen. Ihre Tochter ist nun wieder wach und hat den Froschkönig getroffen. Dornröschens beste Freundinnen Aschenputtel, Rotkäppchen und Schneeweißchen und Rosenrot bereiten die Party mit Dornröschen vor. Das tapfere Schneiderlein singt am laufenden Meter wunderschöne Kleider für die Freundinnen und Wandbilder. Hans im Glück kommt mit seiner Ente unter dem Arm vorbei und pfeift vergnügt ein Lied. Hänsel und Gretel und die Fee haben sich vertragen. Sie kommen mit einem großen Buch für Dornröschen. Der König hat einen Weitsprung-Wettbewerb geplant. Alle sind bester Laune. Nur eine fehlt: Es ist die gute Fee. Die haben die Eltern von Dornröschen weit fortgeschickt, damit sie keinen Ärger mehr machen kann.

3. Welches Märchen magst du am liebsten? Schreibe das Märchen auf und male dazu. Du kannst die Rückseite benutzen. Lies das Märchen in der Klasse vor.

Alexandra von Plüskow-Kaminski • Lese- und Schreibmalblätter 3./4. Klasse | Illustrationen: Sonne: Shutterstock.com/zorina_larisa

Auf Klassenfahrt

Name: Klasse: Datum:

1. Es ist Oktober. Selim fährt auf Klassenfahrt. Lies und male, was in seinem Koffer ist. 2. Was fehlt noch im Koffer? Male und schreibe dazu.

Selim packt zwei Hosen und vier T-Shirts ein.
Außerdem legt er noch drei paar Strümpfe in den Koffer.
Er hat seinen Teddy dabei.
Ein eigenes Kissen nimmt Selim auch mit.

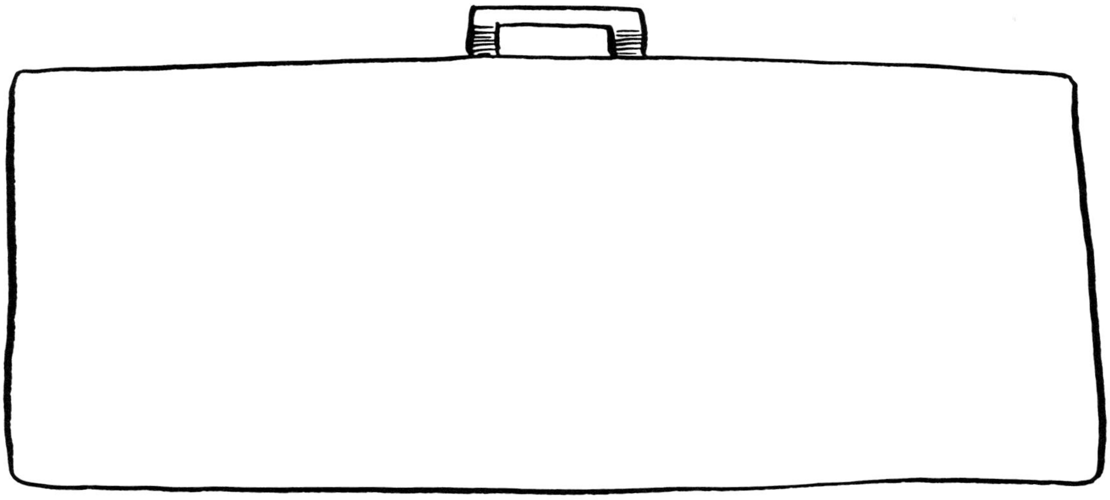

3. Welche vier Dinge fallen dir ein, die du unbedingt zu einer Klassenfahrt mitnehmen möchtest? Male sie und schreibe dazu, warum sie auf keinen Fall fehlen dürfen. Du kannst auch auf der Rückseite weiterschreiben.

19. Lesemalblätter: Lange Sätze

Auf Klassenfahrt

Name: Klasse: Datum:

1. Lies die Sätze. Fülle die Lücken mit passenden Wörtern und male dazu.
2. Lies deinen Text vor.

Die Klasse geht auf eine lustige Klassenfahrt. Im Klassenrat wurde beschlossen, dass sie

____

fahren. Dann wird es spannend: Mit dem Zug geht es auf die ______________ .

Im Ort angekommen, laufen sie bis zur

__________________ . Es dauert nicht lange, dann beziehen die Kinder ihre ____________ . Die Kinder haben Glück, denn es gibt vier Zimmer mit sechs Betten. Auf den Fluren ist richtig was los. Frau Schmidt, die Lehrerin, hält sich die Ohren zu und lacht. Die Kinder laufen hin und her, um zu sehen,

______________________________________ .

Nach einem langen Reisetag gibt es nun endlich Abendessen, worauf alle sehr gewartet haben. Am besten schmeckt den Kindern eindeutig ____________

__________________ .

3. Was hast du auf einer Klassenfahrt erlebt oder was möchtest du gern auf einer Klassenfahrt erleben? Schreibe es auf und male ein Bild dazu.

____

____

____

____

____

____

____

Alexandra von Plüskow-Kaminski • Lese- und Schreibmalblätter 3./4. Klasse | Illustrationen: Sonne: Shutterstock.com/zorina_larisa

Name: Klasse: Datum:

1. Lies den ersten Text. Male dazu. 2. Lies dann den zweiten Text. Vergleiche den zweiten Text mit dem ersten. Findest du die zehn Fehler? Markiere sie farbig.

Klassenfahrt zum Bauernhof

Die Jahrgänge drei und vier fahren heute auf Klassenfahrt. Sie haben im Klassenrat darüber gesprochen und sich gemeinsam für eine Fahrt auf einen Bauernhof entschieden. Hier konnten sie wählen, ob sie im Heu übernachten oder in Zimmern. Die meisten Kinder wollten im Heu übernachten. Das wird ein Spaß! Um möglichst nachhaltig zu reisen, fahren die Kinder mit dem Zug. Frau Schmidt, die Lehrerin, muss alle ganz schön ermahnen, nicht so laut zu sein. Aber die Kinder sind aufgeregt und deshalb wird im ganzen Abteil laut gesprochen und gelacht.
Auf dem Bauernhof dürfen die Kinder ihre Schlafplätze vorbereiten. Danach schauen sie sich erst einmal um. Es gibt Meerschweinchen und Kaninchen, drei Katzen und einen Hund. Am liebsten mögen die Kinder den Spielplatz und das Maislabyrinth.

Klassenfahrt zum Bauernhof

Die Jahrgänge drei und fünf fahren heute auf Klassenfahrt. Sie haben im Schulbus darüber gesprochen und sich gemeinsam für eine Fahrt auf einen Bauernhof entschieden. Hier konnten sie wählen, ob sie im Stall übernachten oder in Zimmern. Die meisten Kinder wollten im Heu übernachten. Das wird ein Spaß! Um möglichst lange zu reisen, fahren die Kinder mit dem Zug. Frau Schmidt, die Lehrerin, muss alle ganz schön ermahnen, nicht so leise zu sein. Aber die Kinder sind müde und deshalb wird im ganzen Abteil laut gesprochen und gelacht.
Auf dem Schloss dürfen die Kinder ihre Zimmer vorbereiten. Danach schauen sie sich erst einmal um. Es gibt Mäuse und Kaninchen, vier Katzen und einen Hund. Am liebsten mögen die Kinder den Spielplatz und das Maislabyrinth.

3. Schreibe eine kurze Geschichte von einer Klassenfahrt. Du kannst auf der Rückseite schreiben. Male auch dazu. Lies deinen Text in der Klasse vor.

Urkunde

für

Du hast die Lesemalblätter richtig
und sinnvoll an- und weitergemalt.
Du kannst kurze und lange Sätze sowie Texte
lesen und schreiben.

Toll! Weiter so!

Datum, Unterschrift